Muisti kirjaan

Muisti kirjaan

Suomen tietokirjailijat ry on tukenut kirjan kirjoittamista.

Timo Montonen

Muisti kirjaan

Kun tiedät, mutta et muista

TÄMÄN KIRJAN OMISTAA

____

YHTEYSTIETO

____

HUOM!   HUOM!

1. ÄLÄ JATKA PIDEMMÄLLE, ELLEI TÄMÄ OLE
   SINUN MUISTIKIRJASI!
2. JOS KIRJA ON PÄÄTYNYT KÄSIISI ASIATTO-
   MASTI, PALAUTA SE OMISTAJALLE!
3. ÄLÄ SELAA ÄLÄKÄ LUE KIRJAA ILMAN LU-
   PAA!
4. KIRJA SISÄLTÄÄ OMISTAJAN HENKILÖKOH-
   TAISIA TIETOJA SEKÄ YKSITYISIÄ AJATUK-
   SIA!
5. KIRJAN KOPIOIMINEN TAI LAINAAMINEN
   ON KIELLETTY!
6. POISPYYHITTY KYNÄNJÄLKI SISÄLTÄÄ AJA-
   TUKSIA, JOTKA AIHEUTTAVAT VAHINKOA
   SINULLE JA LÄHEISILLESI!!!
7. TIEDÄ, ETTÄ SINUA ON VAROITETTU!!!

KAAOS

Suunnitelmieni kaaoksen keskellä etsin punaista lankaa antamalla kirjan osille omat nimikkokirjailijat, joiden tyyliin kirjoittaisin osan tekstistä ikään kuin pastissiksi: Franz Kafka ja Elämä (*Livet / The Life of Liars*), Jorge Luis Borges ja Maamme *(Vårt land som finns i minnet som icke är / The Final Station of Mental Disorder)*, Daniil Harms ja Maailma *(Världet som har redan dött / The World of False Words)*, Italo Calvino ja Kaikkeus *(Allting som vi skulle ha om vi vore lustigare / Whole Lot of Shaking Going On)*. Tämä saattaa olla pitkästyneen, aiheestaan eksyneen kirjailijan sijaistoimintaa, rakennella omituisia tukikehikkoja, jotka myöhemmin joutuu purkamaan valmiin käsikirjoituksen fasadia rumentamasta.

Vaikka kirjani käsikirjoitus on tällä hetkellä enemmänkin rakenne- ja jäsennysideoiden harjoituslaboratorio kuin asiantuntevaa, luotettavaa ja totuudellista tietokirjallisuutta, tai jos ei nyt ihan tietokirjallisuutta niin edes tietotekstiä, olen yhden asian hionut teräväksi kärjeksi: kirjani tarkoituksen. Kirjallani haluan muistuttaa, että muistamattomuus ei ole tietämättömyyttä, eikä se ole tietämättömyyttä etenkään silloin, kun muistamattomuudesta nousee kysymyksiä, jotka johtavat pohdintaan – spekulaatioon, arvailuun, kuvitteluun – ja sitä kautta vastauksen etsintään, oikean tiedon hankintaan, totuuden valkenemiseen ja varmistamiseen. Olen puhunut.

Kirjoittaessani tätä kirjaa on monia muistoja noussut mieleeni. Yllättävä on sellainen muisto, että iltalukiossa opiskellessani (1976–1980) halusin tietää kaikesta kaiken. Minua kiehtoi "aineiden" eli oppialojen liittyminen toisiinsa, etenkin ajattelen matematiikan, fysiikan, kemian, biologian, psykologian muodostamaa joukkoa, jonka voi nähdä kokonaisuutena Ludwig Wittgensteinin perheyhtäläisyyden käsitteen avulla... ja kun jatkaa liityntäkohtien etsintää psykologiasta katsoen, niin ilmeiset linkit johtavat uskontoon, historiaan, latinaan, äidinkieleen ja kirjallisuuteen, kuvataiteeseen, musiikkiin, teatteriin... Samasta maailmasta näiden kaikkien kysymykset ja ilmiöt nousevat, samasta maailmasta ne kertovat. Muistan biologian opettajan puhuneen luonnontieteiden yhtenäisteoriasta ja piirtäneen liitutaululle kuviota, jossa oli eri ilmiötason terminologiaa, niin että atomeista ja molekyyleistä siirryttiin solun ja sen osien kautta eläviin organismeihin, ja niistähän voisi jatkaa eliöiden vaistotoimintaan, käyttäytymiseen ja sosiaaliseen järjestäytymiseen. Kaipasin kaiken teoriaa. Jonkinlaista ajattelun rakennuspuuta sain lukemalla muutama vuotta myöhemmin (1982) ilmestyneen Pekka Kuusen teoksen *Tämä ihmisen maailma*, jossa hän yritti yhdistää biologiaa ja sosiologiaa kertoessaan ihmisen evoluution tarinaa. Pekka Kuusi oli kirjoittanut keskustelua herättäneen teoksensa ennen eläköitymistään Alkon pääjohtajan paikalta, ja muistan elävästi kuinka ihmettelin ja samalla arvostin sitä, että kirjailijalla oli niin hyvät ja turvatut työskentelyolosuhteet. Hän kiitteli esipuheessa sihteeriään tai Alkon informaatikkoa suuresta avusta – miten voin muistaa tällaista kolmenkymmenenviiden vuoden kuluttua? Pekka Kuusi oli tyylivirtuoosi Matti Kuusen nuorempi veli – Matti Kuusen ohutta kirjasta *Miten opin kirjoittamaan paremmin* luin kyllästymättä. Ulkomuistiin on tallentunut tämä: "Kaikki eivät voi oppia kirjoittamaan hyvin, mutta jokainen voi oppia kirjoittamaan paremmin."

N äitä muistellessani silmäni alkoi hakea kirjahyllystä opusta, jonka luin viitisen vuotta sitten, Esko Valtaojan innoittavaa *Kaiken käsikirjaa* (2012). Sen lukeminen oli tiedollisesti ja älyllisesti eheyttävä ja vahvistava kokemus. Ehkä tämä käsillä oleva kirja on oma kaiken käsikirjani, mutta minulle tyypilliseen tapaan fragmentaarinen, parhaimmillaan anekdoottinen ja huonoimmillaan lapidaarinen, kuten Jyrki Nummi nimitti erään analyysini niukkaa tyyliä.

Jos haluan edelleen tarjota niukkuutta, nyt on viimeinen hetki tarttua astaloon ja hakata kielen ylimääräinen painolasti pois, niin että tästä kirjasta tulee keskitetty, rajattu ja sisäistetty merkityskokonaisuus, mitä ikinä se tarkoittaakaan, onkohan taustalla matsonilainen ajattelu, jonka harmikseni otin todesta nuorena kirjailijana uraa aloitellessani. Mikä Alex Matsonin teksteistä kootun kirjan nimi oli? *Muistiinpanoja* (1959). Tuolla se on jossain kirjahyllyissäni tai kellarissa, johon tilanpuutteen vuoksi jouduin viemään kolmekymmentä laatikollista kirjoja ja arkistoa. Vai onko minulla täydennetty laitos vuodelta 1984? Sitä en muista, lainasinko teoksen *Romaanitaide* (1947) kirjastosta vai ostinko sen divarista. Mutta muistan kuinka Alex Matsonin tavoin ajattelin kirjallisia teoksia loisteliaina, loppuun asti harkittuina arkkitehtonisina taideluomina, joista ei tiilen tiiltä eikä lauseen lausetta voinut ottaa pois merkitysrakennelman sortumatta. Aivan kuin teos olisi olemassa ennen tekemistä jonkinlaisena eteerisenä taideolentona, jonka taiteilija eli kirjailija sitten paljastaa. Mitä roskaa!

Eilen maaliskuun viimeisenä päivänä päätin, että vain kuukausi enää, ei enempää, saa kulua tämän kirjoitusperiodin kanssa. Kuusi kuukautta jo olen käyttänyt neljään apurahoitettuun käsikirjoitukseen, ensinnäkin järjestötyötä ruotivaan pienoisromaaniin, jonka olen jo julkaissut, toiseksi ja kolmanneksi eroottisen novellikokoelman selko- ja kaunoversion yhdistelmään, jonka julkaisen parin viikon sisällä, sekä neljänneksi tähän muistamista käsittelevään kirjaan, josta piti tulla tietokirja ja puuhakirja, lukijan kirjoittamalla täydentämä antamieni ohjeiden ja kysymysten avittamana. Ajattelin eilen, että päätöstä kirjoitustyön ajallisesta takarajasta ei voi venyttää yön yli, ei edes keskiyön yli, sillä seuraava päivä – tänään – olisi aprillipäivä, mikä vesittäisi ja tekisi naurettavaksi kaikenlaiset päätökseni.

Lokakuun alusta asti, puoli vuotta, olen työskennellyt kolmen kirjan tekemiseen myönnetyillä apurahoilla, joista koostui yhteensä yksitoistatuhatta euroa, ja jo aiemmin syyskuussa käytin tuhannen kahdensadan euron matka-apurahan USA:n matkalla. Nyt apurahat ja niitä täydentäneet veronpalautukset alkavat olla vähissä, lisäksi korttiluottoni käytetty, koska apurahoilla lyhensin luottoa ja kevään mittaan olen taas kasvattanut velkaani siirtämällä rahaa korttiluotolta vuokranmaksuun ja ruokamenoihin, elinkustannuksiin, joihin apurahat on tarkoitettukin. Agraarisella runon kiellellä ilmaistuna siemenperunat porisevat kattilassa ja siemenvilja on leivottu petulla jatkettuna reikäleiviksi. Yksi syy rahan hupenemiseen on se, että olen myynyt kirjojani alle hankintahinnan. Yksi ostaja sanoi, että minulle pitäisi opettaa taloustiedettä. Komppasin häntä tokaisemalla, että hullu saa olla, muttei tyhmä. Yltäisinpä tuohon.

Neljää erillistä kirjaa ei oikein olisi viisasta tehdä, koska kaikki käsikirjoitukseni ovat suppeita. Niistä tulisi sadan sivun lärpäkkeitä. Miksi en painattaisi niitä samoihin kansiin?

Se olisi oikeansuuntainen manifesti, joka kyseenalaistaisi kirjallisuuden karsinointeja fiktioon ja faktaan, kaunoon ja tietoon, lyyriseen ja asialliseen, dramaattiseen ja depressiiviseen, pastissiin ja parodiaan, haarukkaan ja veitseen, naiskirjallisuuteen ja mieskirjallisuuteen. Olen puhunut siitä tunteesta, jonka koen kirjailijaliiton tilaisuuksissa, joissa sanalla kirjailija tarkoitetaan vain kaunokirjailijoita, eikä muulla tuotannolla ole väliä, ja toisaalta tietokirjailijoiden tilaisuuksissa, joissa olen edelleen kirjailija, ja äsken niin tärkeä kaunokirjallinen tuotanto on merkityksetöntä.

Pitääkö minut halkaista Italo Calvinon varakreivin lailla ollakseni aina oikea puolisko kirjailijajärjestöjen kanssa asioidessani?

Mutta julkaisen silti kirjat erillisinä, koska en löydä niistä riittävää merkityksellistä yhteistä teemaa. Ainoastaan eroottiset kertomukset laitan yksiin kansiin, koska selkoversio jää julkaisematta selkokirjana.

Yritin sepittää yhteiseksi teemaksi kirjailijan kieltä, ajatusta että kieli on kirjailijan työväline, joka yhdistää kaikki kirjailijat. Tällainen on kuitenkin liian yleistä ja itsestään selvää, ajatusta pitäisi terävöittää. Yritin sitäkin muotoilemalla kuvaa kielestä astalona. Kieli on kirjailijan astalo – ja tuon perään voi valita näkemyksensä mukaisesti vaikkapa: tietämättömyyttä ja suvaitsemattomuutta vastaan. Lisää kärjistystä: Kieli riisuu, paljastaa, vavahduttaa. Kielellään kirjailija ravistaa lukijaa ja irrottaa tämän luutuneet päähänpinttymät, niin että uusien asentojen ottaminen merkitysten nyrkkeilykehässä on mahdollista.

Tuollaisen kuvan jälkeen on noloa jatkaa. En keksi merkitysten nyrkkeilykehää ylittävää sanasutkausta, näen siinä merkityksillä ladattuja sanoja mätkimässä toisiaan, joskus ohilyönti osuu kehätuomariin ja joskus nyrkki sujahtaa köysien läpi liian lähelle pärstänsä tunkeneeseen katsojaan, jolta hetkeksi hämärtyy taju, ja sitten lähtee viimeinen isku ja eläimellinen huuto katkeaa ja nyrkkeilyhallin valokeilan tupakansavuun jää leijumaan savuketta polttavan naisen kiihkeä lause: "Tapa se!"

ELÄMÄ

Muodonmuutoksia, umpikujia ja jonotusta. Seisomista muurin varjossa, suljetun rautaportin edessä, sen avautumista toivoen. Ovenvartijan tarkkailemista tämän tarkkaillessa jonottajia. Nyt tiedän: tämä tapahtuu yhä uudelleen valtakunnan kaukaisimmassa kolkassa edellisen keisarin, kaksi vuotta sitten kuolleen, eläessään lähettämää viestiä odotellessa – tieto viestin saapumisesta on tullut perille nopeammin kuin itse viesti, joka lukemattomin syin on viipynyt matkallaan salaisella reitillä määrittelemättömän ajan. Varmuus viestin saapumisesta pitää odottajat valppaina. Tämän kaltainen kuvasto havainnollistaa kokemusmaailmaani ja elämääni à la Kafka. Franz Kafka, tärkeä kirjallinen vaikuttajani, eli vuosina 1883–1924. Käsittelyssä on kenen tahansa elämään, tavalliseen elämään, kuuluvia asioita, kuten

asunnot, harrastukset, intohimot, isä, kehit-
tyminen, kirjallisuus, koulu, lomat, matkat,
musiikki, muutos, osoitteet, perhe, puhelin-
numerot, sisaret, ihmissuhteet, suku, synty-
mäpäivät, taide, työt, vaikutus, vanhemmat,
äiti. Puhun jostakin, joka ei ole tässä, läsnä,
aivan kuin se olisi käsillä, niin kuin taikuri loih-
tii sormistaan ennen näkymätöntä, nappaa il-
masta sellaista mitä ilmassa ei voi olla, minä
puhun ja kirjoitan ja luon puheellani ja kirjoi-
tuksellani illuusion, että tiedän, että muistan,
vaikka harvaksi on hiutunut mieleni kudelma
jo.

Ja tämä on sen seitsemän sortin tiedon koto, jonka muistamisen vaiheita ja mahdollisuuksia tässä nyt käyn kertoilemaan. Välillä tuntuu siltä, että olen palannut koulunpenkille historian, maantiedon, matematiikan tai äidinkielen tunnille. Tunne ei ole hakoteillä, pikemminkin se on oikeutettu muutamastakin syystä. Tekeillä oleva kirjani, anteliaasti apurahoitettu ja siksi kirjoitettava, velvollisuuden tunteesta ja kunnian tähden, niin tuo kirja nimittäin sisältää paitsi tämän hetken pähkäilyjä ja tuumailuja, muistoja ja kuvitelmia, myös kouluvuosilta kiusaamaan jääneitä aiheita, sanoja, käsitteitä, erisnimiä Amadeuksesta Öölantiin, kummallisia otsikoita, mieltä vaivaavia kysymyksiä, asioita jotka olen jollain lailla tiennyt, mutta unohtanut. Ja haluaisin ne taas muistaa, allatiivi, elatiivi, ablatiivi. Olen nyt kirjoittamassa niistä ja jos kirjoitan kirjaan esipuheen, esitän siinä hurskaan toiveen, että myös lukija kirjoittaisi vastaavista unohtumaan pyrkivistä aiheista. Toivon, ehdotan, pyydän – miksi? Siksi, että uskon tämän tilanteen olevan tuttu muillekin kuin minulle: tiedät, mutta et muista. Oletukseni kirjassa ja laajemminkin opetustoiminnassani on, että kirjoittamalla itse, vieläpä pännällä paperille, asiat jäävät paremmin mieleen ja niitä on helpompi palauttaa muistiin joskus myöhemmin. An auf hinter in, neben über unter vor zwichen. Olen ollut havaitsevinani, että puhelimesta, tablettitietokoneesta, läppäristä tai pöytäkoneen ruudulta nopeasti selattu myös unohtuu nopeasti. Parhaimmillaan jää epämääräinen olo, että jostain luin tai jossain näin, oliko se Hesarissa, Facebookissa vai YouTubessa... No siinä oli kuitenkin jotain tähän liittyvää... Mutta jos kirjoittaa kynällä ja sitten lukee kirjoittamansa, niin muistaa paljon paremmin.

Onko tämä pelkkää nostalgiaa, kaipuuta aikaan ennen mukana kulkevaa ulkoista älyä ja muistia? Romantisoinko aikaisempien elämänvaiheideni muistiinpanemista ja muistiin palauttamista? Yliarvostanko vanhentuneina

käytöstä pois jätettyjen muistamismenetel-
mien tehokkuutta?

Vastaan ei – täysin; vastaan kyllä – osittain.

Opiskellessani Helsingin yliopistossa (1982–1990) opin nimittäin jotain myös oppimisesta. Tavanomainen luentokurssin suoritustapa oli loppukoe, jossa ulkomuistista kirjoittelin enemmän tai vähemmän soopaa, jos en sattunut muistamaan kysyttyä asiaa. Parhaiten kurssin aihepiiri jäi mieleen silloin, kun kurssin sai suorittaa esseellä – kotona luonnostella kynällä ja sitten naputtaa tekstiksi, puhtaaksi, kuten sanottiin, sähkökirjoituskoneella, jossa oli muutaman rivin muisti korjauksia varten, muistiinpanot, luonnokset ja lähdeteokset siinä ympärillä kirjoituspöydällä. Umberto Eco on kuvannut tätä tilannetta, sitä, kuinka *Ruusun nimeä* kirjoittaessaan hän ammensi pöydällä näkyvillä olevista lähteistä, kirjoista ja artikkeleista, ja ajatukset suodattuivat hänen omaksi tekstikseen, niin ettei enää erottanut, mikä yksityiskohta tuli mistäkin lähteestä – tämä siis koski romaanin kirjoittamista, jossa lähdeviitoitusta ei ole toisin kuin tietokirjassa tai ainakin tieteellisessä tekstissä. Tällaisia esseen kirjoittamisen suoritustapoja tarjosivat Jaakko Hintikka ja Antti Hautamäki teoreettisen filosofian opiskelussa. Yleisen kirjallisuustieteen puolella vastaava vaikutus ja kokemus tulivat praktikumeissa, kirjallisuuden analyysiin paneutuvilla kursseilla, joiden viikoittaiseen istuntoon valmistauduimme lukemalla ja analysoimalla kirjallisesti romaanin. Muistan Jyrkin Nummen praktikumin, jossa sisäistin narratologiaa entistä syvemmin, liki lopulliseksi totuudeksi asti, Jaana Anttilan italialaista kirjallisuutta käsittelevän praktikumin, jonka suoritin rimaa hipoen (*Ruusun nimen* analyysini käsitteli pelkästään romaanin sisällysluetteloa), ja kotimaisessa kirjallisuudessa Maria-Liisa Nevalan naisnäkökulmaa tutkivan kurssin, jonka suoritin ainoana miehenä – analyysini kohteena oli Veronica Pimenoffin romaani *Loistava Helena*. Turhaan ei tutkinnon suorittamiseen kuulu kirjallista lopputyötä, gradua, tutkielmaa, lisensiaatintyötä tai väitöskirjaa. Jos sen tekemisestä ei suoriudu, ei ole kelpo akateemiseksi. Kirjallinen lopputyö pakottaa opiskelijan palauttamaan mieleen oppimaansa, se pakottaa etsimään uutta tietoa, se pakottaa soveltamaan ja päättelemään, siis jalostamaan vanhaa ja uutta tietoa parhaimmillaan omaperäiseksi näkemykseksi, huonoimmillaankin edes kyvyksi referoida lähdekirjallisuutta ja poimia sattuvia sitaatteja.

Tämä riittäköön, tällä erää, metodistani, sanon kuin Aristoteles, tämä riittäköön nyt kirjoittamisesta hyväksi havaittuna, käytössä koeteltuna menetelmänä muistamisen vahvistamiseksi. Siirryn sisältökysymyksiin, joita käsittelen vaihtelevalla tarkkuudella, joskus haparoiden, aavistellen, kysellen, niin omaa kuin lukijankin muistia viritellen, joskus taas tarkkoja tietoja jaellen tai tarinoita kertoen. Lukija varautukoon nopeisiin, äkillisiin, jopa odottamattomiin siirtymiin aiheesta toiseen. Tämän voi ajatella kumpuavan käsikirjoituksen aikaisemmista vaiheista, jolloin kirjan oli tarkoitus rakentua yksittäisen aiheen alustuksesta ja sitä seuraavista kysymyksistä, joiden vastaamiseen olin jättänyt sivuille tyhjää tilaa. Kokonaisvaikutelma ei kuitenkaan tyydyttänyt minua, se oli liian sirpalemaista, joten aloin muokata ja kirjoittaa sisältöä kertovan proosan suuntaan. Samalla, näin olen tulkitsevani, teos alkoi kokea muodonmuutosta

tietokirjasta kaunokirjaksi, vaikkakaan ei fak-
tasta fiktioksi kuin vain osittain.

apsuudessani olimme muistini mukaan paljon tekemisissä suvun kanssa. Nuoruudessa ja aikuisuudessa on sitten ollut kausia, jolloin en ole paljoakaan nähnyt sukulaisiani. On pitänyt keskittyä omiin ja oman perheen asioihin, tarkkaan ottaen omien perheiden asioihin.

Vanhemmiten yhteydenpito on taas lisääntynyt. Jos ei muualla nähdä, niin syntymäpäivillä, häissä ja hautajaisissa.

Olen viime vuosina katsellut netissä erään äidin isän puoleisen sukulaisen tekemää sukupuuta. Siinä näen esivanhempiani 1700-luvulle asti. Sukututkimusta en ole itse tehnyt, vaikka olen kirjoittanut omaelämäkerrallisia teoksia. Ne ovat perustuneet muistiin, kuultuun ja mielikuvitukseen, eivät tutkimukseen.

Isoisäni mummosta en ole tiennyt mitään, vaikka hän eli vielä 1900-luvun alussa toistakymmentä vuotta isoisän syntymän jälkeen – äitini ei muista isänsä kertoneen mummostaan mitään.

Nyt tämä tanskalainen muusikko Nicoline Zedeler on esikuvana suunnittelemassani romaanissa *Sukupuuton tutkija*, jossa suuruudenhullusti aion kertoa 255 ihmisen elämästä kahdeksassa sukupolvessa. Nicoline oli naimisissa Victor Weurlanderin kanssa, joka piti Kuopiossa kirjakauppaa talossa, johon toinen

Victor, Victor Barsokevitch muutti myöhemmin, luullakseni 1887, vaimonsa Adèlen perustaman valokuvaamon, jonka Barsolevitch siirsi nimiinsä ja rupesi itse valokuvaajaksi, kun Adèle jäi kotiin lapsia hoitamaan. Paikka oli Minna Canthin lankakauppaa vastapäätä Kuninkaankadun kulmassa. Näin olen hahmottanut asiakirjoista ja artikkeleista, paikan päällä en ole vielä käynyt. 59 vuoden iässä olen saanut tietää, että valokuvaaja Victor Barsokevitch ja kirjailija Minna Canth olivat mahdollisesti meidän Lauttasaaresta Kuopioon muuttaneen sukuhaaramme tuttuja. Ajoituksia pitää vielä täsmentää. Victor Weurlanderin kirjakauppa oli mennyt konkurssin 1886, mutta 1887 oli perustettu Weurlander & Co. Mihin? Missä Victor ja Nicoline asuivat 1887? Muuttivatko he jo tuolloin Kuopiosta Keuruulle, jonne heidät on haudattu?

Vanhempani ovat jo yli 80-vuotiaita, ja me kolme poikaa kuudenkympin molemmin puolin. Lapsuuteni ajoittuu 1950-luvun lopulle ja 60-luvulle, nuoruuteni 70-luvulle ja varhaisin aikuisuuteni 33-vuotiaaksi asti 80-luvulle.

On kirjoitettava ensimmäisiä muistoja. Muistoja äidistä. Muistoja isästä. Muistoja veljistä.

Kansakoulu alkaa... ja jatkuu. "Ekaluok-kalainen kävelee kuin nainen!" Näin meille ekaluokkalaisille lälläteltiin, ja vuoden kuluttua teimme saman uusille ekaluokkalaisille.

Oppikoulu? Viisi vuotta keskikoulua, ikävuosina 11–15.

17-vuotiaana lähdin lukiosta ensimmäisen vuoden jälkeen töihin oppimaan työelämän aivoituksia kahdeksi vuodeksi, sitten kauppaopistoon vuodeksi ja samaan aikaan iltalukioon neljäksi vuodeksi.

Korkeampi koulutus koitti yliopistossa kahden välivuoden jälkeen, kahdeksan vuotta kesti suorittaa ylempi korkeakoulututkinto, FM. Eikö tämä koulunkäynti koskaan lopu?

Ei. Seurasi jatko-opintoja, täydennyskoulutusta, työnantajan henkilöstökoulutusta.

Perheenä toimiminen, tässä tarkoitan ensisijaisesti lapsuuden perhettä. Liikuimme yhdessä paljon. Jos emme puuhailleet mökillä, samosimme metsiä Nuuksiossa, jossa marjastimme ja sienestimme. Joskus keräsimme sammalta metsistä ja kallioilta, mitään maanomistajan lupaa emme hankkineet.

Talvella hiihdimme koko perhe, ja muistan, että kerran oli isän sisko kanssamme hiihtämässä, ehkä Paloheinän tai Maunulan majalla.

Kävimme isän kanssa kulutustavaramessuilla Messuhallissa ja katsomassa autokilpailun harjoituksia Keimolan radalla.

Suuri yhteinen ponnistus oli automatka Helsingistä Vaasaan, sieltä laivalla lahden yli Örnsköldsvikiin, Ruotsin läpi ajo alas ja Malmöstä lauttamatka Tanskan puolelle.

Äiti oli ollut sotalapsena Ruotsissa, isä Tanskassa.

Tanskassa ajoimme saaren läpi ja me-
nimme lautalla tai siltaa pitkin toiselle saa-
relle vai oliko se jo mantereelle. Paluumat-
kamme reitti kulki Kööpenhaminan kautta,
kävimme Tivolissa. Lautalla Helsingborgista
Helsingöriin tai toisin päin tuijotin partaan yli
meduusamassoja. Tanskassa ja Etelä-Ruot-
sissa maisemat olivat erilaisia kuin Suomessa,
oli toisenlainen puusto, oli toisenlainen mai-
sema ja oli toisenlainen mielenmaisema, lep-
poisampi, vapaampi – läntisempi.

Etelä-Ruotsissa näimme suuren laudoista
tehdyn hevosen. Paluumatkalla kävimme äi-
din Ruotsinvanhempien luona. Täytin sinä ke-
sänä 15 vuotta ja tämä matka oli todella avar-
tava. Se oli ensimmäinen ulkomaan matkani.

Tunnelma kotona oli turvaisa ja hyvä. Saimme leikkiä rauhassa, ja me pojat leikimme paljon. Minä keräsin muovieläimiä ja leikin niillä aina. Tein eläintarhan suurelle vanerilevylle, sängynpohja se taisi olla.

Pikkuautoilla leikin myös, yksi oli johtaja-auto, valkoinen maastoauto, ja muut autot ajoivat jonossa perässä.

Asemani perheessä oli se mikä se voi olla keskimmäisellä kolmesta alle kolmen vuoden sisällä syntyneestä pojasta, diplomaattina, sovittelijana, kaverina sekä isoveljelle että pikkuveljelle.

Olenko koskaan oikeastaan ollut erossa lapsuuden perheestä – onko yhteys perheeseen aina säilynyt?

Teenkö tässä lapsuuden perheestä ihannoitua kuvaa?

Onko se minulle (p)yhä perheeni?

Miten lapsuuden perhettä on muisteltu?

Muuttuminen. George Otsin laulussa pohditaan ihmisen muuttumista. Että muuttuuko ylipäätänsä? Ja jos muuttuu, niin mihin suuntaan muuttuu?

Olen tähän törmännyt niin omassa elämässä kuin lähipiirissä. Joillakin sukulaisillani on kova kammo, pelko, vastustus – ei saa muuttua. Opiskelua vastustava nuori mies pelkää saavansa vaikutteita ja menettävänsä ainutlaatuisuutensa. Pah! Sitähän opiskelu juuri on! Muuttumista, kehittymistä.

Itse aloitin 19-vuotiaana ylimääräisenä tilapäisenä apulaispostimiehenä tietoisen itseni kehittämisen ja uusien tietojen ja taitojen hankkimisen. Urakka kesti 14 vuotta, mutta 33-vuotiaana olin ylioppilas huippuarvosanoin, filosofian maisteri taiteiden tutkimuksen koulutusohjelmasta, tehnyt toimittajan töitä ja debytoinut kirjailijana, kuvataiteilijana ja esiintyjänä.

Muuttuminen työläisestä monitaitoiseksi

akateemiseksi kansalaiseksi vaati muutakin kuin tutkintojen muodollista suorittamista – kyse oli maailmankuvan, ihmiskäsityksen ja elämänkatsomuksen muotoutumisesta. Vuodesta 1976 vuoteen 1990 tapahtui elämäni suurin muutosprosessi.

Kokemustietoni valossa vastaan: Ihminen muuttuu – jos uskaltaa.

Kaikille tämä ei ole selvää. Olen joutunut tilanteisiin, joissa on ollut erimielistä sakkia väittelemässä ihmisen mahdollisuuksista kehittyä ja muuttua.

Minulle tulee mieleen muutama muutoksen mahdollisuuteen tai sen kieltämiseen liittyvä tapaus. Joskus 1980-luvun jälkimmäisellä puoliskolla menin ravintola Eliteen kirjailija Sami Parkkisen kanssa; olin tekemässä lehtijuttua hänestä. Elitessä istui näyttelijä Pekka Laiho, joka kertoi huolissaan, että hänen isänsä oli sairaalassa. Sairaalaan hän ei kuitenkaan saanut lähdetyksi. Omaa surkeuttaan kerratessaan hän kysyi tai pikemminkin väitti, että ihminen ei voi muuttua. Hän ei muuttuisi enää mihinkään suuntaan. Olin eri mieltä. Muistan puhuneeni innoittuneesti, mutta en muista, mitä tarkalleen ottaen sanoin.

Sen muistan, että yks kaks näyttelijä huudahti: "Tää mieshän on nero!"

Ironiaa? Sellaisena en ylistystä silloin kokenut, nyt en olisi varma, mutta kiteytän silti: Kehittyminen ihmisenä voi olla niin näkyvää, että jopa muutoksen periaatteessa kieltävä sen tunnustaa.

On tarkennettava pohdintaa muutoksista esimerkiksi kysymyksillä, ovatko tarkastelussa rajut nopeat murroskohdat vai hitaat muutokset.

Onko taantuminen kehittymistä?

Pysähtynyt kehitys: 40-vuotissynttäreillään veljeni sanoi, että on aina 15-vuotias. Siitä on jo yli 20 vuotta.

Kehityksen huippukohta?

Tukeeko työnantaja taantuvaa? Kysyin pomolta kehityskeskustelussa. Hän sanoi, että hyvä kysymys.

Mihin suuntaan olen nyt muuttumassa?

Oma perhe piti perustaa. Olen tehnyt sen kahdesti, oikeastaan kolmesti. On muistettava, missä ja miten tapasin puolisoni. On muistettava merkkipäivät, syntymä- ja nimipäivät. On muistettava kihlapäivät ja hääpäivät, kumpaakin on kolme, kun olen jälkimmäisen rouvan kanssa avioitunut kahdesti. On muistettava lapset, ketkä omia ja ketkä veljien. Kerran katsoin vanhempaa tytärtäni sukujuhlissa ja ajattelin, että tuo on kai joku veljieni tyttäristä.

Syntymäpäivät, ehdottomasti, näissä olen mokannut – esimerkiksi ilmoittanut vaimolle, että noteeraan tämän syntymäpäivän parin viikon kuluttua, kun työkiireet ovat hellittäneet.

Muistettava lastenlapsien nimet, edes ne, vaikka ei syntymäpäiviä muistaisi, ne voi kirjoittaa muistiin. Sitä vartenhan olen kirjaa tekemässä.

"Äiti", tyttäreni sanoi minulle joskus alle

kymmenvuotiaana. Isä paneutuu niin lasten-
hoitoon, että lapsi sanoo äidiksi.

Syntymäpäiviä pitää merkitä muistiin mui-
takin, veljien ja niiden vaimojen, vaikka ne ei-
vät kyllä meteliä pidä vuosien karttumisesta,
mutta ainakin veljien lapset ja niiden lapsen-
lapset. Olen huonosti näitä muistanut. Siksi
pidän hyvänä, että ne itse muistuttavat ja
kutsuvat kahville. Vaikka ei ne enää aikuistut-
tuaan.

Jälkipolvi ansioituu, siitäkin voisi pitää kir-
jaa. Koulutuksia, tutkintoja ja ammatteja. Al-
kaa muistuttaa laitonta henkilörekisteriä.

Asuminen. Asuinpaikat. Muistanko osoitteet? Joskus muistin vanhoja lankapuhelinnumeroita. Syntymäkoti. Mitä siitä muistan?

Asumismuoto. Vuokra-asunto. Kerrostalo. Kellarihuoneisto. Opiskelija-asunto. Omakotitalo. Asumisoikeusasunto.

Naapurit. Jos kirjoitan naapureista, olen äkkiä kerrostalokyttääjä.

Harrastukset ja intohimot. Lapsuuden harrastuksia. Postimerkkeilyä vai jalkapalloilua? Tykkäsin sekä hiljaisesta nyhertämisestä että rajusta toiminnasta.

Sisällä vai ulkona? Sekä että.

Harrastuksen tuomat taidot. Niiden käyttäminen, soveltaminen muuhun. Olen päässyt konekirjoitustaidon ansiosta toimistotöihin, ensin 1980 siviilipalvelukseen Sörnäisten vankilan taloustoimistoon, sitten 1989 konekirjoittajaksi Helsingin yliopiston Historiallis-kielitieteellisen osaston kansliaan.

Intohimo. Harrastuksesta intohimo. Harrastuksesta ammatti. Sammunut intohimo.

Lomat ja matkat. Minne ensimmäinen matka suuntautui? Tutut lomakohteet. Työmatkat. Talvimatkailu. Kotimaan matkoja. Pitkällä matkalla. Kaukaisin kohde. Pitkiä lentoja, useita vaihtoja. Matkalaisen paras liikenneväline. Erikoisin kohde? Viimeinen matka.

hmissuhteet. Ihmisten ikävä. Suhteiden määrä ja laatu. Vuorovaikutus. Antavana. Saavana. Monenlaista ystävyyttä. Päättyneet ihmissuhteet. Pitkäaikaiset ihmissuhteet. Verkostot. Muuttuvat suhteet. Tutusta ystäväksi. Ystävästä rakkaaksi. Rakkaasta jätetyksi.

Työpaikat. Kesätyöt koululaisena ja opiskelijana. Mikä oli ensimmäinen oman alan varsinainen työpaikka? Entä pitkäaikaisin työpaikka? Työkaverit. Työmatkat. Työpaikan juhlat. Pomot. Työvälineet. Viimeisin työpaikka. Vielä uusi työ?

Musiikki. Rock ja pop 1960-luvulla. Musiikki 1970-luvulla ja sen jälkeen. Meidän Jutta-bändi 1970-luvun puolivälissä. Star Ship Jutta. Sparrasin netissä Anssi Kelaa ja palkitsin menestyksen jälkeen.

Kuvataide. Aloin seurata ja maalata 1980-luvun puolivälin jälkeen. Taidehankintoja. Rosa Liksom ja Ilkka Juhani Takalo-Eskola. Nyt olen seurannut Aino Keinäsen maalaamista.

Kaunokirjallisuudesta mieleenjohtumia. Minna Canth ja *Kauppa-Lopo*. Oliko Kauppa-Lopo varas? Maria Jotuni ja dialogit. Kenen näkökulma? Toivo Pekkanen ja *Tehtaan varjossa*. Milloin isä palasi vankileiriltä? Pentti Haanpään vinttikamarissa. Katsoiko Pentti ikkunasta, kun muut tekivät heinää? Väinö Linnan haastajat? Hannu Salama ja Juhannustanssit. Paavo Rintala ja *Sissiluutantti*. Veijo Meri ja *Manillaköysi*. Salaman romaanista *Minä, Olli ja Orvokk*i muistan tyttöystävän tiuskaisun: Pittääkö se mulukku olla aina ulkona? Eira Stenberg ja *Häikäisy*. Annika Idström ja *Veljeni Sebastian*, vrt. Günter Grass ja *Peltirumpu*.

Työni ansiosta olen ollut kirjallisena vaikuttajana, kun opiskelijani kansanopistosta, kesäyliopistosta, yliopistosta ja muista opinahjoista ovat kirjoittaneet ja julkaisseet kirjoja. Marko. Petteri. Max. Ranya. Tuomas. Riikka. Ritva. Tiina. Olli. Eeva. Mirjam. Aki. Marja...

Maamme

Oi maamme Suomi, haarautuvien jokien yläjuoksut, Hämeen Härkätien pyhiinvaeltajat Rengon Pyhän Jaakon kirkossa, hameen alla puutarhan pöheikössä kuumien kuvitelmien polut, näin lähestyn kotimaatani à la Borges. Jorge Luis Borges, tajunnanräjäyttäjä, eli vuosina 1899–1986. Aiheina Aleksis Kivi, eduskunta, elinkeinot, hallinto, historia, itäraja, kulttuuri, käsivarsi, La Fura dels Baus, lahdet, luonto, maaraja, meret, ministeriöt, oikeuslaitos, persoonallisuudet, poliitikot, politiikka, talous, tiede, urheilu, valtio, väestö.

Kirjoitan vain aiheista, joihin minulla on omakohtainen suhde, ohut edes, muisto, tunne, näkökulma; vain sellaisia kelpuutan mukaan. En väitä enkä usko, että juuri samat yksityiskohdat olisivat muille tärkeitä, ehei, kirjan lukijalla, jos kirja lukijalle joskus päätyy, on lupa muuttaa muunneltavia, valita omasta aihevarastosta verrannollisen tai vertaisen, kaltaisen. Osoitan metodeja, menetelmiä, askeleita ja polkuja. Kun minä muistelen Eira Stenbergin romaania, lukija voi muistella Eeva Joenpellon romaania. Kun minä palautan mieleeni saksankielistä 1900-luvun kirjallisuutta – Kafkaa, Hesseä, Mannia – lukija voi tehdä saman 1900-luvun ranskankieliselle kirjallisuudelle – Sartre, Camus, Tournier.

Olen yrittänyt kirjoittaa tuohon jo harmaita karvoja kasvoihini kasvattavaan (kyllä, alan olla karhuvanhus), muistia mukamas parantavaan, kirjoitelmaani opaskirjoista tuttua sinuttelua, mutta yritykseni ovat kompuroineet portaat alas kolisten, niin että olen nyt tästä varma: on mahdotonta puhutella lukijaa, "sinua", ajattelematta, että tuo puhuteltu olen minä, että tyypilliseen tapaani kikkailen ja kirjoitan paitsi itsestäni myös itselleni. Puolittain näin onkin. Onhan kirjailija itse ankarin testiyleisönsä, koelukijansa, ateljeekriitikkonsa, niin että kirjoitan minä itsellenikin. Mutta kovin haluaisin kirjoittaa jollekin, jolla pysyy kynä kädessä, olipa tämä sitten ristikoita ratkova lökäpöksyvaari, mökkikirjaa rustaava multasormimuori, perheen nouseva kynämieskyky tai iltatähti runotyttö – entinen tai nykyinen. Pitääkseni lukijan ja itseni erillisinä kirjassani, lukijana ja kirjoittajana, vältän siis paradoksaalisesti lukijan puhuttelua – en osaa tätä nyt paremmin selittää itselleni.

Onko tässä ajatusvirhe?

Kertoessani aiheistani olen tietoinen lukijasta ja hänen päässään tapahtuvasta tulkintaprosessista, mutta kirjoitan ja kerron aivan kuin mitään lukijaa ei olisi. En muulla tavoin saa tätä tehdyksi enkä nyt sanotuksi.

Pyöriskelen omissa ajatuksissani ja luotan lukijan pyörittävän omaa mielleyhtymiensä betonimyllyä. Kysyn kaikenlaista, mutta en aina vastaa. Kyse ei ole retorisesta kysymyksestä, ei aina, vaan toimeksiannosta. Lukija on minun Pavlovin koirani, kuolaa kun näytän pihviä, näkee Lasse Virenin kaatuvan, kun mainitsen vuoden 1972 Münchenin olympialaisten kymppitonnin juoksun.

Valtiomuoto. Perustuslaki. Oikeuslaitos. Presidenttejä, pääministereitä. Viimeisimmät presidentit. Viimeisimmät pääministerit. Kansamme edustajat. Eduskuntalaitos. Eduskunnan oikeusasiamies. Valtioneuvosto. Hallitus. Oikeuskansleri. Ministeriöt.

Politiikka on yhteisten asioiden hoitamista, mielellään fiksusti ja oikeudenmukaisesti, mieluummin sopimalla kuin riitelemällä, mieluiten toisia näkemyksiä kunnioittaen ja muistaen, että enemmistön tärkein tehtävä on huolehtia vähemmistöistä, niin että perustuslain takaamat vapaudet koskevat kaikkia.

Puolueet ovat jonkin ideologian, ohjelman, maailmankuvan tai toiminnan innoittamia yhteenliittymiä, jotka pyrkivät vallankäyttöön europarlamentissa, eduskunnassa, kunnanvaltuustoissa, seurakunnissa sekä joissakin maitokaupoissa ja vakuutusyhtiöissä.

Vaalit järjestetään puolueiden voimasuhteiden selvittämiseksi sekä sen toteamiseksi, että se ikivanha ääniharava onnistuu jälleen uusimaan paikkansa näkyvällä sanomalehti- tai televisiomainoksella.

Oppositiossa on pelkurinkin turvallista harjoittaa rohkeaa syytös- ja muutospolitiikkaa.

Puolueen puheenjohtajan vaihtuessa kesken hallituskauden uusi ja kokematon puheenjohtaja saa edeltäjänsä hallituspaikan, oli se sitten pää-, niska-, ulkofilee-, sisäfilee-, kulttuuri-, työ-, oikeusmurha-, terveysturha- tai valtiovarkainministerin tai jonkun muun mulkun salkku, kuten tavataan sanoa, ellei salkkuja kierrätetä. Hallitukseen nousevan puolueen puheenjohtajan ei entisaikain tapaan edellytetä hankkivan rypytöntä istuvaa pukua.

Hallitusvastuussa asianomainen ministeri asettaa ministeriön virkamiehistä selvityskomitean, jota asianomainen ministeri ohjaa ja jonka työn tuloksista asianomainen ministeri tiedottaa antaen ymmärtää, että näin on tapahtuva eli selvityksen visio on toteutuva, vaikka asianomainen ministeri muistuttaakin,

että nyt vasta pyydetään lausuntoja asian-
osaisilta ja että vilkas keskustelu alkaa, vaikka
todellisuudessa se päättyy heti, kun päämi-
nisteri asettaa selvityksen raameihinsa eli
kontekstualisoi sen todellisuuskäsityksensä
kanssa.

Pitääkö yllä oleva kuvaus paikkansa? Onko se edes mahdollista? Miten puolueet ja erityisesti puheenjohtajat ja puoluesihteerit oikeasti käyttäytyvät, kun ne siirtyvät oppositiosta hallitusvastuuseen? Miten puolueet, puheenjohtajat puoluesihteerit käyttäytyvät, kun tapahtuu siirtymä hallituksesta oppositioon? Vaalivoitto ei aina vie hallitukseen – milloin näin on viisasta toimia? Mikä tekee poliitikosta persoonallisen? Puhe. Kyky puhua omalla tyylillään.

Persoonallisia imitoidaan. Ismo Kallio on niin hyvä esimerkkipresidentti, että jälkipolvi ei erota arkistofilmeistä aitoa presidenttiä imitaattorista, jonka nimi on kaiketi Mauno Koivisto.

Asiaa vai ei? Onko poliittinen retoriikka asiapuhetta tai -kirjoittamista – vai onko se tekojen tekemistä ("Julistan basaarin avatuksi") vai peräti lyriikkaa, kuten jonkun kummosen tai tommosen kerrotaan selittäneen?

Nelikenttä. Rupesi nyt tekemään mieli nelikenttää! Himo iskee kuin karhu roskatynnyristä silloin kun vähiten aavistaa. Pykersin tuollaisen alla olevan – se ei kai vaadi selityksiä, ja jos vaatii, niin niitä saa erikseen tilaamalla. Lukijan tehtävä on lisätä nimiä kenttiin.

	faktaa	fiktiota
asiakieltä		
lyyristä		

Kuka sanoi ja mitä? Muistettavia lainauksia. "Minä juon nyt kahvia." "Nahkurin orsilla tavataan." "Tuli iso jytky!"

Suomen väestö. Geeniperinämme. Montako meitä on? Suomalaiset ulkomailla. Miten jakaudumme kartalla? Eliniän ennuste. Kansantaudit. Liikkuvuus. Maahanmuutto. Onko lottovoitto syntyä Suomessa? Moniko meistä n:nen polven mamu?

S uomen historia. Historian hämärässä. Ensimmäinen maininta. Finnit tai Fennit? Ruotsin vallan alla. Piispa Henrik ja Lalli. Hakkapeliitat. Nuija-sota. Venäjän vallan alla. Itsenäistyminen. So-dat. Sisällissota. Talvisota. Jatkosota. Jälleen-rakennus.

ajat. Muistan, kun ensi kerran aje-
limme Itä-Suomessa ja äkkiä näin
metsän takaa nousevat vartiotornit.
Oli kesäkuu 1990. Olimme veljeni
perheen kanssa liikkeellä kahdella autolla.
Kävimme Lappeenrannassa ja Savonlinnassa,
myös linnassa, söimme torilla lörtsyjä ja ihai-
limme sisävesihöyrylaivoja. Matkan pääkoh-
teena oli Punkaharju, Retretti ja muutaman
vuorokauden mökkiloma. Yhden yön vie-
timme menomatkalla Imatran Valtiohotel-
lissa, jossa illallisella korvasienikastikkeessani
oli kivi, jota sittemmin pidin monta vuotta
lompakon kolikkotaskussa.

Muita kokemuksia rajalla. Kuinka pitkä on
Suomen yhteinen maaraja Venäjän kanssa?

Muistan seikkailija Mathias Rustin ja hä-
nen uskomattoman lentonsa Malmin lento-
asemalta Punaiselle torille yli mielikuvituksen
rajojen. Yksi mies teki enemmän kuin muu
maailma yhteensä ideologisessa sodankäyn-
nissä supervalta Neuvostoliittoa vastaan.

Hintelä Rust oli Ihme, Teräs- ja Supermies, löytö-, risti- ja extremeretkeilijä. Minä vuonna Rustin lento tapahtui? 1987. Ja miten Mathias Rustin kävi lennon jälkeen? Jäikö hän Neuvostoliittoon vai pääsikö takaisin länteen? Otettava selvää.

Käsivarsi. Yksikätinen neito viittoo länteen. Länsirajan takana Ruotsi. Pohjoisessa Norja. Onko Pohjoisessa kohta, jossa Suomi, Ruotsi ja Norja ovat rajanaapureita? Kolmen valtakunnan rajapyykki Koltajärvessä on pyöreä betoninen rakennelma. Muotkavaaralla on sitten Suomen, Norjan ja Venäjän kivistä tehty rajapyykki betoninen pyramidi hattuna.

Meret ja lahdet. Itämeri. Suomenlahti. Ahvenanmeri. Ahvenanmaa. Turun saaristo. Viro on lähellä, mutta eteläinen raja on kaukana. Kumivenemiehet. Pohjanlahti. Hailuodossa vedin hankkeen viikonlopputapaamisen Oulun seudun porukoille.

Suomen luonto. Tuttuja Uusimaa, Raasepori, Porvoo ja Loviisa. Tuttua myös Satakunta, Kokemäki ja Pohjanmaa – alavilla mailla hallan vaaraa. Hyvin tuttu on Häme. Hämeen harjut, metsät ja pellot, järvet. Pohjoinen, koillinen, itä. Savo. Kuopio. Heinävesi. Leppävirta. Etelä-Karjala. Saimaa. Kainuun korvissa. Pohjoisen tunturit.

Kirjoitan sanoja, joita en ole ennen käyttänyt kirjoissani, korkeintaan koulun maantiedon kokeessa, jos silloinkaan, en lukenut läksyjä enkä erityisesti maantiedon läksyjä. Muistan vain kerran lukeneeni, aiheena oli Tukholma. Yllätyin, kuinka paljon ymmärsin. En kuitenkaan ottanut tavaksi lukea maantiedon läksyjä, ja numero pysyi vitosena tai kutosena.

Kulttuurielämä. Kirjallisuus. Oppikoulussa opettelimme Seitsemän veljeksen nimet ikäjärjestyksessä vanhimmasta nuorimpaan. Muistan ne osanneeni. Lonkalta: Juhani, Lauri, Aapo, Simeon ja Eero nuorimpana. Jaa, tuossahan on vasta viisi. Tuomas! Vielä yksi... K:lla alkaa...? Ei – kääk! Tarkistin, ja sehän on Timo! Omaa nimeäni en muistanut. Oikea vastaus on siis: Juhani, Tuomas, Aapo, Simeoni, Timo, Lauri ja Eero. Luimme Seitsemää veljestä ääneen. Poikakoulussa oli suuret luokat ja paljon oikeansorttisia eläytyjiä veljesten hahmoihin, romaanihan on paljolti dialogia. Opettaja valitsi minut lukemaan Aapon roolin. Olin yllättynyt. Aapo on ajattelija, pohtija, rakentavien ehdotusten tekijä. Valinta pani minut miettimään, että näkikö opettaja minut sellaisena ajatuksen miehenä – tai että minussa olisi potentiaalia tulla sellaiseksi? No, minusta tuli pohtija, kirjallisuuden ja filosofian opiskelija ja kirjailija. Palautettava mieleen ja tarvittaessa selvitettävä lukemalla veljesten luonteet, muutkin kuin Aapon.

Suomen taiteet. Kuvataiteilija Fridolf Weurlander, Kuopion lahja maailmalle, oli isoisäni isosetä. Tätini maalaa, hänen vanhin poikansa eli serkkuni oli piirtäjänä luonnonlahjakkuus. Minulla oli omat kuvataiteelliset pyrintöni 1980-luvun lopulla ja 90-luvun alussa. Kuvataidematkat Tukholmaan, Turkuun, Tampereelle. Maalarinteippiä lastenhuoneessa ja Suomenlinnassa Erik Dietmanin näyttelyssä

Attention! Attention! Erikoinen, vaikuttava, jopa pelottava fyysisen teatterin esitys, joka tarjosi moniaistisen kokemuksen – muistanko, missä, milloin ja mikä ryhmä esitti?

Se ei ollut Jumalan teatteri Oulussa, ei jauhon pöllyäminen silmille Helsingin Kaupunginteatterin Putkinotkon esityksessä, vaan espanjalainen La Fura dels Baus Näkinpuiston purkua odottavassa punatiilirakennuksessa, näköyhteyden päässä parvekkeeltamme Merihaassa, jossa asuimme 1983–1990, miltei koko opiskeluajan. Esityksessä sai väistellä auton ovea paiskovaa raivopäätä.

Varmasti tämä vaikutti omiin esityksiini *Sä-pinää* ja *Sisäministeri* sekä sen jatko-osan *Si-säministerin kosto*. Esitin näitä Alibissa ja uu-della ylioppilastalolla.

Musiikki. Nicoline.

Bändi. Elokuvamme taustamusiikki.

Näemmä supistan Suomen taiteen esitte-lyn omiin tekemisiini. Hullun horinaa.

Tiede niin kuin minä sen olen kokenut. Ilkka Niiniluoto: filosofia, etenkin tieteenfilosofia. Fred Karlsson ja yleinen kielitiede. Aarne Kinnunen ja Arto Haapala: estetiikka ja taiteenfilosofia. Jyrki Nummi, Torsten Pettersson, Anna Makkonen, Pekka Tammi ja Leena Kirstinä: kirjallisuustiede. Erityismaininta Panu Rajalan Sillanpää-tutkimuksista.

Talous ja elinkeinot. Maatalous. Kontaktini Martti. Maaseudun sivistysliitto tilasi koulutusta, jota kävin pitämässä Porissa, Leppävirralla ja Seinäjoella. Silmiini piirtyi agraariyhteiskunnan eloonjäämistaistelu.

Kone(paja)teollisuus. Metso, oikoluin ja korjasin Vesan diplomityön paperikoneista. KONE ja hissit. Metsäteollisuus. Paperiteollisuus. Kauppa. Palveluala.

Meillä kauppiassuku, minäkin yhden vuoden käynyt kauppaopistoa. Koulutusalalla 1990 alkaen.

Urheilu. Paavo Nurmi ja pitkät juoksut. Kävely Paavo Nurmen patsaalle ja takaisin kouluun. Elis Ask ja nyrkkeily. Kellarissa kaiverrus ASK ja vuosiluku. Veikko Kankkonen ja mäkihyppy, näin Kankkosen hyppäävän Herttoniemen hyppyrimäestä. Timo Mäkinen ja ralliautoilu, tärkeä koska kaimani. Koripallo, lentopallo, käsipallo. Näihin liittyy merkityksiä koulusta, meidän perheen pelaamisesta ja asuinpaikasta Karjaalla viiden vuoden ajan.

Maailma

Karttapallo putoaa ikkunasta, kaupan kassaneiti on kuollut ikäimpinä mutta jatkaa vielä viikon itsepalvelukassojen valvojana, jono alkaa viimein edetä koska myytävä on loppunut, vinksahtaneita tarinoita maailmalta à la Harms. Daniil Harms, sattumien kirjoittaja, eli vuosina1905–1942. Nyt kiinnostuksen kohteina ovat digitalisaatio, globalisaatio, historia, järjestöt, taide, kirjallisuus, luonto, suurvallat, valtiaat, vesi.

Kirjan käsikirjoitus on tällä hetkellä melkoista sekamelskaa. Olen vaihtanut sen rakennetta niin monta kertaa lyhyen kirjoitusprosessin aikana, että en muista enää kaikkia vaiheita. Aluksi minulla oli kolmijako aineiston hankintaan, kirjoittamisen keinoihin ja sisältöön. Sulautin kaksi ensimmäistä kolmanteen ja pikkuhiljaa alkoi kuoriutua esiin kolme eri ilmiötason suurta teemaa: yksilön elämä, kotimaa ja muu maailma. Tulee mieleen 1970-luvun oppikirjat, historia ja yhteiskuntaoppi. Käsiteltäviä aiheita oli kehittämäni laskukaavan mukaisesti ensin 270, sitten lisäyksen jälkeen 300, kunnes niputin pääaiheet niin että niiden määräksi tuli 45, sitten 44, 43, 42 – stop! Ei vähennetä enää. Oletetaan, että tämä määrä vastasi todellisuutta. Yli jääneet 255 aihetta päätyivät pääaiheen yksityiskohdiksi tai kysymyksiksi vastauksia kirvoittamaan. Kirjan kolme osaa sisälsivät kukin viisitoista aihetta, joista jokaisessa oli vaihteleva määrä yksityiskohtia, tietoja, muistoja ja kuvitelmia silloin, kun ne auttoivat tiedon omaksumisessa. Etenemisen suunta oli yksittäisen ihmisen elämästä kotimaahan ja siitä maailmaan. Ohjeistin myös toisenlaiseen lukemiseen. Jos halusi aloittaa laajoista ympyröistä ja tulla kohti yksityistä, kirjan saattoi lukea lopusta alkuun. Rapu kun olen, kirjoitin esipuheeseen, että luen lehtiä ja selaan kirjoja lopusta alkuun, joten ehkä itsekin luen tämän kirjana takakannesta alkaen.

Alusta loppuun – lopusta alkuun: kumpikin etenemistapa luontuisi, sillä kahdella aukeamalla eli neljällä sivulla olisi itsenäinen asiakokonaisuus, aihesikermä, fakta- ja juttukimara. Hyvä tapa oli myös lukea sieltä täältä sen mukaan, mikä sattuisi kiinnostamaan. Tarkka sisällysluettelo kirjan lopussa auttaisi kokonaisuuden hahmottamista ja kulloiseenkin tarpeeseen sopivan sivun löytämistä.

Olin pyrkinyt sisällölliseen ja kielelliseen selkeyteen, jotta kirja palvelisi eri-ikäisiä lukijoita. Iäkkäitä ajatellen kirjasinkoko olisi suurehko lukemisen helpottamiseksi.

Pelkkä fakta ei minua pidättelisi, olin valmis fiktioon jos sitä tarvittaisiin. Mielikuvitus ja kerronnan keinot olisivat tyylipaletillani, jotta voisin tehdä uuden tiedon omaksumisen mielenkiintoisemmaksi ja vanhan tiedon muistamisen helpommaksi.

Maailman sotaisa historia. Selitettävä Marathonin juoksu, Thermopylain sola, Karthago on tuhottava, Rooman tuho, 30-vuotinen sota – miksi ja milloin? Voittamaton Armada. Wienin tanssiva kongressi. Hatut ja myssyt. Jatkettava aiheiden etsimistä. Ensimmäinen maailmansota. Mistä syystä alkoi? Osapuolet? Miten päättyi? Mitä opetti? 1930-luku Amerikassa ja Euroopassa sekä Kiinassa ja Japanissa. Toinen maailmansota. Samat kysymykset. Toisen maailmansodan alku. Osapuolet. Päätapahtumat. Sodan loppu. Jatkettava tiedon keruuta. Korean sota, Kuuban kriisi, Vietnamin sota, Lähi-Itä, Afganistanin sota, Irakin sota, entisen Jugoslavian hajoamissodat Balkanilla, Somalian sota, Syyrian sota. Jatkoa vaikuttaa riittävän.

Avara luonto. Sir Richard Attenborough siellä ja täällä, aina paikan päällä – tarkistus osoitti, että tarkoitan David Attenboroughia, en hänen isoveljeään, jo edesmennyttä näyttelijää ja tuottajaa, jonka muutkin kuin minä ovat sekoittaneet luonnontieteilijään, kertovat tavallisesti luotettavina pitämämme lähteet. Luonnon moninaisuus. on häkellyttävä. Koko elämänsä voisi viettää telkkarin ääressä luontoa ja luonto-ohjelmia katsoen. Muovilautat valtamerillä ja rannoilla. Brasilian sademetsien hakkuut, pihvikarja, alkuperäisväestö – toin sen asemaa esiin esitelmässäni kauppaopistossa. Alhaalla aavikolla kuivaa, ylhäällä vuoristossa kylmää. Mistä tietää, että aavikolla elää muitakin kuin pillerinpyörittäjiä? Suurenevatko aavikot? Kuivuvatko vehreät maat? Missä maissa sijaitsevat Alpit? Mitkä ovat Maan suurimmat vuoristot? Mitä ja missä ovat Dardanellit? Suuret maaeläimet. Afrikan suuret eläimet. Jos pyydetään mainitsemaan Afrikan eläimiä, mitkä viisi tulevat nopeasti mieleen? Listani: Norsu. Leijona. Kirahvi. Leopardi. Sarvikuono. Muovieläimet. Uhanalaiset eläimet. Olenko koskaan kampanjoinut uhanalaisten eläinten puolesta? Pääesikunnassa kuultavana. Suomen luonnonsuojeluliiton college-paita, oliko siinä hylkeen kuva tai jotain vastaava. Majuri kysyi kytköksistäni. Netissä olen osallistunut joihinkin kampanjoihin, mutta niistä ei ole jäänyt paljoakaan muistettavaa. Mitä uhanalaista eläintä olisit valmis suojelemaan ja millä keinoin? Vesi. Navat, jäävuoret ja jäätiköt. Antarktis. Missä se on? Tuttu sana, mutta etelä- vai pohjoisnavan hoodeilla? Veikkaan pohjoista. Mutta televisiossa dokumentin mainoksessa luki että maapallon pohjalla. Onko Maalla yläpuolta ja alapuolta, kun katsoo avaruudesta? Onko vesi vanhin voitehista? Veden parantavia, vammoja ja kipuja lievittäviä sekä elämää ylläpitäviä vaikutuksia. Pullovesi: juotavaksi vai hampaiden pesuun?

Maailmankirjallisuus. Kansojen kirjallisuuden kokonaisuus vai kansainvälisesti tunnettu kirjallisuus? Antiikki, Homeros, eepos, lyriikka, tragedia ja komedia. Tragedian lyhyt matka saippuaoopperaksi. Keskiaika. Danten Jumalainen näytelmä, Cervantesin Don Quiote, kuka italialainen kirjoitti Decameronen, en nyt muista! Shakespearen näytelmät. Goethen Nuoren Wertherin kärsimykset. Punaista ja mustaa, kirjoittaja? Brontën sisarukset. Jane Austin. Läiset ja laiset: venäläiset Tolstoi, Dostojevski, Gogol, Pushkin, itävaltalaiset ja saksalaiset Franz Kafka, Thomas Mann, Herman Hesse, amerikkalaiset Hemingway, Steinbeck, Faulkner. Amerikanjuutalaiset – heidän merkityksensä. Latinalainen Amerikka. Marguese? Vargas Lhosan olen nähnyt Akateemisessa kirjakaupassa Helsingissä 1992. Pohjoismaat. Vigdis Grimsdottir oli minun juttukaverina Lahden

Kansainvälisessä kirjailijakokouksessa Mukkulassa 1995. Etelän maaginen ja pohjoisen maaninen realismi. Timo K. Mukka.

aiteita. Mieleen tulee vain omituisia kuvia. Sikstuksen kappelin kattomaalarin niskakipu. Antonio Gaudi piirtämässä tupakkiaskin kanteen muutaman tornin. Jos olisin elänyt kolmekymmentä tai viisikymmentä tuhatta vuotta sitten luolassa, niin mikä olisi pannut painelemaan kämmenen kuvia luolan seinään? Pääasiallisena syynä luolamaalausten tekoon pidän tylsistymistä. Luolassa ei ollut muutakaan tekemistä. Voin hyvin kuvitella, että olisin torjunut kavereiden aprikoinnit, että tulinko nyt aloittaneeksi kuvataiteen. Se mitään taidetta ole! Muutama kämmenjälki. Vasta kun aloin piirrellä kullin kuvia ja lihaksiaan pullistelevia biisoneita, voitiin nähdä viitteitä taiteesta, pohjan luomista myöhempien aikojen piirtelijöille, kuten Tom of Finlandille, jonka nimeä ei kuitenkaan ahtaassa luolassa sopinut sanoa, koska se aiheutti epämiellyttäviä tunteita miehissä, kun nämä näkivät naistensa silmistä kuinka nämä vertailivat miestensä vehkeiden kokoa Tomin piirustusten miehiin. Kerrattava, mitä syitä tutkijat ovat olettaneet luolamaalausten tekemiselle. Metsästysonnen lisääminen on ainakin yksi oletettu syy, eläimen symbolinen pyydystäminen tai tappaminen maalauksessa.

Muita taiteenaloja. Musiikki. J. S. Bach ja *Wer nur den lieben Gott lässt walten*. Tallinnasta pimeästi vaihdetuilla ruplilla ostettuja LP-levyjä.

Kuka pelkää Virginia Woolfia? Pori 1990, Espoo neljännesvuosisata myöhemmin.

Elokuva. Tarkovskin elokuvat *Stalker, Nostalgia, Uhri*.

tsevaltiaat. Ikivanha ajankohtainen aihe. Orientti. Kiinan dynastiat. Japanin hallitsijasuvut. Pahikset Hitler, Stalin, Mussolini. Pohjois-Korean Kim-dynastia. Ruohonjuuri – herkkuja ruokapöytään! Osataan sitä muuallakin. Saudit. Castrot. Putin. Turkin Erdogan juuri akuutti. Samoista perheistä pyrkyä: Kennedyt, Bushit, Clintonit – jopa Obaman vaimoa näin kuviteltavan tulevaksi presidentiksi.

Suurvallat. Yhdysvallat. Venäjä. Kiina. Intia. Euroopan rajoilla. Laajentuuko Eurooppa Turkkiin? Miksi Venäjä ei ole Eurooppaa? Säilyykö rauha Euroopassa? Kv-järjestöt. YK. EU. Sotilasjärjestö Nato vaikea pelokkaille suomalaisille. Mentaliteetti ja arvot eriäviä jo Euroopan sisällä saati maailmanlaajuisesti. Pohjoinen ja eteläinen mielenmaisema. Itäinen ja läntinen arvomaailma. Mikä Eurooppaa yhdistää? Yhteinen trauma, 1900-luvun sodat. Mikä Eurooppaa hajottaa? Sivistyksen pitäminen sylkykuppina.

Globalisaatio. Liikkumisen nopeutuminen. Tavaraliikenteen lisääntyminen. Kulttuurinen vuorovaikutus. Tekninen kehitys. Ilmastonmuutos.

Digitalisaatio. Viestinnällisen kulttuurin muutos. Reaaliaikainen vuorovaikutus. Yhteisöllistäminen. Joukkoistaminen. Osallistaminen. Palvelujen ja asioimisen digitaalistuminen. Suhteiden ja tunteiden digitalisaatio.

Reaktioita globaalistumiseen ja digitaalistumiseen? Tavaroiden karsiminen ja elämysten yksinkertaistaminen sekä luonnossa selviytymisen eetos ovat hottia kirjakaupoissa ja tositvsarjoissa.

Pääseekö globalisaatiota ja digitalisaatiota karkuun? Pois facesta, tv kiinni.

Kaikkeus

Perimmäisiä kysymyksiä, kosmologista ajattelua, maailmankaikkeuden reunan alle kurkistamista, olemassaolon iloa jo alkukantaisessa kehitysvaiheessa unohtamatta viimeisiä lopun ajan tunnelmia à la Calvino. Italo Calvino, aivan jotain muuta, eli vuosina 1923–1985. Suppea kattaus sisältää täyteläisiä herkkuja, kuten alkuräjähdys, aurinko, aurinkokunta, avaruus, kaikkeus, kuu, linnunrata, aine, elämä, ihminen, jogurtti, maa ja tajunta.

Olen yön pimeinä tunteina miettinyt, että miten on mahdollista, että mitään on, että kaikkeus on. Ja sillä on ikäkin, alkukohta, kuten *The Big Bang Theory* osoittaa, Suuri Pamaus, alkuräjähdys. Maailmakaikkeuden eli universumin iän olen kuullut tai lukenut useasti, mutta muistanko koskaan, mikä se on? Tämä on yksi kosmologian peruskysymyksistä, joka tulisi hallita. Sanon alkuun, että puhumme joka tapauksessa miljardeista vuosista. Maailmankaikkeuden ikä nykytietämyksen mukaan on 13,82 miljardia vuotta. Desimaaleja on hankala muistaa, siksi pyöristän ja otan muistisäännöksi tämän:

> Maailmankaikkeuden ikä
> on noin 14 miljardia vuotta.

Miljardi vuotta on vaikeaa tajuta, ymmärtää sen kestoa, kun ihmiselon kesto on parhaimmillaankin satakunta vuotta.

Ymmärrettävyyttä lisää yksinkertainen las-
kutoimitus. Koulumatematiikasta on siis sit-
tenkin hyötyä! Miljardissa vuodessa ehtisi
elää kymmenen miljoonaa sukupolvea, jos
miehet siittäisivät lapsensa sadan vuoden
iässä – jogurttia kehiin, vaarit! Litra päivässä!

Jos siis heti alkuräjähdyksen jälkeen olisi
alkanut elää näitä teräsvaareja, kuinka monta
satavuotiaana lisääntyvää sukupolvea ehtisi
elää aikojen alusta asti, 14 miljardissa vuo-
dessa? Entä kuinka suuri olisi jogurtin kulutus
14 miljardissa vuodessa?

Ennen pamausta. Pakko tätäkin on ollut miettiä. Jos kaikkeus alkoi alkuräjähdyksestä, niin on oikeutettua varmistaa, oliko sitä ennen jotain. Muistan tähän liittyvän ahdistuksen lieventyneen, kun hyväksyin, että myös aika syntyi alkuräjähdyksessä. "Sitä ennen" on tässä yhteydessä anakronismi, koska ei ollut aikaa. Ensi sunnuntaina kelloja siirretään tunti eteenpäin, kun sovitusti alkaa kesäaika. Yhtä tuntia ei siis ole! Auttakoon tämä ymmärtämään, että aikaa ei ole ollut aina – kun ei sitä ole aina nytkään! Mitä muuta voi ajatella aiheesta "ennen pamausta"?

Looginen jatkokysymys. Päättyykö maailmankaikkeuden laajeneminen joskus? Mitä sitten tapahtuu?

Onko Aurinkokunta nuori vai vanha tapaus kaikkeudessa? En muista, että Aurinkokunnasta olisi pakistu Suuren Pamauksen aikoihin. Kyllä se syntyi myöhemmin – mutta kuinka paljon myöhemmin?

Aurinkokunta syntyi melkein 10 miljardia vuotta myöhemmin kuin maailmankaikkeus. Sen ikä on noin 4,6 miljardia vuotta. Siinä on ollut aikaa muuhunkin kuin järjestäytymiseen, puheenjohtajan ja sihteerin valintaan. Hyväntahtoiseksi mainittu aurinko on katsellut meitä siis melkein 5 miljardia vuotta, ja 900 miljoonaa vuotta on edessä, ennen kuin Maassa alkaa olla liian kuumat paikat elämän jatkumiselle, noin 30 asteen keskilämpötila. Suomalaiselle saunaan tottuneelle, kesät Suomessa ja talvet Aurinkorannikolla viettävälle, tuo ei ole kummoinenkaan lämpötila, mutta esimerkiksi jääkarhulle voisi tulla hiki. Inventaario. Mitä kaikkea rojua Aurinkokuntaan kuuluu ja kuinka laaja se on?

Loppuun palamisia. Etsittävä lisätietoja Auringon loppuvaiheista käyttäen apuna näitä sanoja: punainen jättiläinen, valkoinen kääpiö, musta kääpiö. Vilkasta toimintaa. Soitinko todella hätäkeskukseen kysyäksesi, räjähtääkö Aurinko, kun sen toiminta oli vilkkaampaa kuin aikoihin? Hieman suhteellisuudentajua, kiitos. Maa. Oliko Maa heti kohta valmis pallo radallaan, kun Aurinkokunta otti noin 4,6 miljardia vuotta sitten asiakseen tekeytyä siihen kuosiin, että se voi käyttää nimessään isoa alkukirjainta? Alkutoimet. Minulla on tässä hämäriä kohtia, mutta lähteeni väittävät, että Maan alkutoimet olivat jo 4,7 miljardia vuotta sitten, ja olletikin 0,1 miljardin vuoden yöt yli nukuttua pantiin nimet paperiin ja Maa oli syntynyt. Muistisääntö: Muistan Aurinkokunnan iän, muistan Maa iän. 4,6 miljardia vuotta – hävyttömän vähän! Maapallon synnyssä on vaiheensa – mitkä? Yritän hahmottaa yleislinjaa, kehityksen suuntaa. Pitää kaivaa muistista tai etsiä muualta tieto, koska Kuu tuli ikkunan taa valvottamaan yöhulluiluun taipuvaisia? Joka tapauksessa eikö ollut niin, että Maahan törmäsi valtava järkäle, josta osa sinkosi takaisin avaruuteen Kuuksi. Maan mitat ovat? Ympärys. Halkaisija. Säde. Pinta-ala. Maan kuluminen, entropia? Milloin voi matkustaa kapselissa ääntä nopeammin maapallon ympäri?

Mikä on elämän ikä? Tämän varmaan muistan, sillä elämän syntyminen Maassa oli vavahduttava kokemus. Milloin se olikaan? No, kutakuinkin miljardi vuotta hulahti Maan syntymästä, ennen kuin kunnon rähinä saatiin päälle noin 3,5 miljardia vuotta sitten, toki sitä ennenkin on ollut jonkun sortin yrittämistä, jopa heti kohta puoli miljardia vuotta Maan synnyn jälkeen! Että äkkiähän noin niin kuin maailmankaikkeuden mittakaavassa kaikki tapahtui.

Tiedän että elämä syntyi veden alla. Otettava selvää, koska se – elävä mikälie – rantautui, ja millä eväillä tai evillä. Mitkä ovat välttämättömät elämän ehdot?

Suhtaudunko Maan ulkopuoliseen elämään uskon vai tiedon kysymyksenä? Tiedossa ei ole, että Maan ulkopuolella olisi elämää siinä mielessä, missä me elämän ymmärrämme. Siis emme tiedä. Jos haluaa päätellä, luulotella, uskotella itselleen Maan ulkopuolista elämää, niin sen kuvittelemisessa ei ole mitään rajoja. Koska meillä ei ole yhtäkään vihjeen hippusta, niin edessä on tyhjä paperi, johon voi piirtää ja kirjoittaa *Tähtien sotaa* tai *Linnunradan käsikirjaa liftareille*. Seikkailu alkakoon!

Olen miettinyt sitä, että ajanlaskun alun jälkeen meitä ihmisiä on edeltänyt vain 100 sukupolvea, jos lisääntymisikä on ollut 20 vuotta. 100 sukupolvea ei ole mielettömän paljon. Vuoden 0 ihmiset eivät voineet olla kovin paljon erilaisia kuin me!

Salut, Homo Sapiens!

Nykyihminen.

Jo riittää aiheesta eksyttäminen. En ole tässä puhunut mitään ihmisen iästä, enkä nyt edes tarkoita yksilön elinikää tai keskimääräistä elinikää, vaan ihmislajin ikää, ihmiskunnan ikää. Mikä se on? Sanomattakin on selvää, että me saimme askaroida eriskummallisina limaskoina – jos ei nyt ihan torakoina – ennen kuin eräänä aamuna heräsimme levottomista unistamme ja olimme muuttuneet ihmisiksi. Nykyihminen on noin 200 000 – 250 000 vuotta vanha ilmestys, tietääksemme, muistaaksemme. Se ei ole hirveän paljon. Laskettava, kuinka monta sukupolvea meitä on edeltänyt 200 000 vuodessa, jos uusi sukupolvi on syntynyt aina 20 vuoden välein. Helppo. Kymmenen tuhatta. Vähemmän mitä olisin luullut. Minkälaisia ihmisen kaltaisia oli ennen nykyihmistä? Neanderthal minussa.

Miten ratkaisisi aineen ja elämän suhteen? Pakkohan sitä on ollut miettiä. Elollinen on ainetta, mutta liikkuvaa, aistivaa, toimivaa, tuntevaa, vaistoavaa ja ajattelevaa ainetta. Ehkä meidän on nyt digiaikana helpompi kuin ennen käsittää aineesta nouseva elämä, kun älypuhelimet ja tablettitietokoneet ovat totuttaneet meidät älykkäältä vaikuttavaan tekniikkaan. Kone kertoo, että lämpötila on + 2 astetta ja sadan metrin kävelymatkan päässä on kotiseutumuseo. Aisteillamme voimme varmistua tiedoista. Luontaisesti kuitenkin ymmärrämme, että nämä nykyiset tietokoneemme eivät ole elollisia. Tajuanko sitä, että tajuan? Minä olen päässyt itseni kanssa sopuun siitä, että maailmankaikkeus on, ei kahta sanaa. On. Ja järjestäytyminen linnunratoihin ja aurinkokuntiin ja mitä niitä muita on – ok, hyväksyn. Elämänkin synnyn nielen, mutta silloin ollaan rajoilla, kun elävä organismi tiedostaa kaikkeuden ja oman olemassaolonsa, kuten minä nyt tätä kirjottaessani.

Milloin näemme koneita, joista emme varmasti tiedä tai osaa päätellä, ovatko ne elottomia vai elollisia? Miten aine voi tajuta? Tehtävä tiedonhankintaa ja pohdittava aineen ja tajunnan suhdetta, joka on yksi mielenkiintoisimmista kysymyksistä. Onko tajuntamme kemiaa vain vai jotain muutakin aineesta nousevaa? Itseymmärrys. Mitä on ymmärrys ympäröivästä, mitä on itseymmärrys?

Voin vaivoin kuvitella, kuinka kaukainen esi-isäni jäi saunan lauteilla tuijottamaan ikkunasta ulos loppukesän pimeyteen, kiuas naksui, hikikarpaloita tippui alemmalle lauteelle – ja siinä kävi ensimmäinen itsensä tiedostamisen ajatus: Perkule, ei hassumpaa olla olemassa!

Sisällys

Timo Montosen saatavilla olevat teokset:

1. Parempaan elämään: Muutospäiväkirja
2. Sadie Q: Romaani
3. Eturivin kirjailija: Romaani
4. Tuuli tulee kaukaa: Tankarunoja
5. Aikeita ja tunteita: Romaani
6. Kirjoita elämäntarinasi
7. Kirjoittajan kirja nro 3
8. Kuka pelkää Parkinsonia
9. Who's Afraid of Parkinson's?
10. Palmenian kirjoittajakoulutuksen tuho
11. Alkukuva: Romaani
12. Kirjailijan MATKAPÄIVÄKIRJA
13. Oiva Goes USA: Matkapäiväkirja (toim.)
14. Sillanpäässä Taataa katsomassa: Viisi romaania
15. Hermes ihmisten tiellä: Romaani
16. Rakkautemme värinä: Romaani
17. Muisti kirjaan: Kun tiedät, mutta et muista

Kustantaja: BoD™ – Books on Demand, Helsinki, Suomi